In. 27/18562

In 27/18562

NOTICE

SUR MADAME

AUGUSTINE SAUVAGE

Par l'abbé CHRÉTIEN DEHAISNES.

Quandò orabas cum lacrymis , et
sepeliebas mortuos , et derelinquebas
prandium tuum, ego obtuli orationem
tuam Domino.

*Lorsque tu priais avec larmes ,
lorsque , quittant la table du repas ,
tu allais ensevelir les morts, j'offrais
tes prières au Seigneur.*

Au livre de Tobie , ch. XII.

DOUAI.

ADAM D'AUBERS , IMPRIMEUR.

1855.

NOTICE

SUR MADAME

AUGUSTINE SAUVAGE.

Le 1er octobre 1855, à dix heures du matin, les rues de la ville d'Estaires étaient traversées par le cercueil qui contenait la dépouille mortelle de Mme Sauvage. Mme Sauvage avait été, durant sa vie, une bonne femme de la campagne, simple, ignorée, presque sans fortune ; et pourtant les autorités et les personnes les plus notables de la ville assistaient à ses funérailles ; quatre dames des principales familles se faisaient un honneur de tenir les coins du poêle ; une foule immense suivait, triste et recueillie. Autant Mme Sauvage s'était tenue cachée pendant sa vie, autant elle était glorifiée à sa mort ; autant elle avait dérobé au monde et ses vertus et ses bienfaits, autant ses bienfaits et ses vertus étaient mis au grand jour par le concours de toute la population et par les regrets et les éloges de toute la ville. Nous avons cru devoir nous associer aux sentiments éprouvés par tous les habitants d'Estaires, en consacrant quelques pages à une notice sur Mme Sauvage : c'est un hommage que méritaient sa profonde humilité et sa charité inépuisable ; d'un autre côté, les saints exemples de vertu que nous offre sa vie pourront peut-être n'être pas inutiles à quelques âmes. Puisse Dieu permettre, qu'en trouvant des imitateurs, Mme Sauvage soit encore, après sa mort, utile à la religion et à la société !

I.

Non loin du village de Lestrem, au milieu de pâturages et de champs fertiles, s'élevait, vers le milieu du siècle dernier, une petite ferme, construite en terre glaise et couverte de chaume, dont les murs tombaient à demi de délabrement et de vétusté. C'est là que naquit, le 11 novembre 1766, Augustine-Marie Réant, dont nous écrivons la vie. Elle était la quatrième des dix enfants que Dieu accorda à l'union de Nicaise Réant et de Marie-Michel Duriez. Son père appartenait à une honorable famille de cultivateurs; mais des malheurs l'avaient réduite à un état très précaire, et il lui fallait travailler non seulement pour nourrir ses nombreux enfants, mais encore pour faire face aux obligations que ses parents avaient contractées.

La jeune Augustine fut élevée à cette rude mais bonne école du travail et de la vie des champs. Elle n'avait que six ans et demi quand la mort de son père augmenta encore l'état de gêne de la famille. Restée seule avec ses enfants, la veuve de Nicaise Réant ne perdit pas courage ; elle se chargea elle-même des travaux les plus pénibles des valets de ferme ; on la voyait brouetter les produits et les engrais que chargeaient ses jeunes filles. Et par cette activité, elle parvint à payer les dettes de ses parents, et même à se faire une petite fortune; et d'un autre côté elle rendit sa jeune famille ardente au travail et dure à la fatigue. L'éducation des enfants n'était pas négligée. Augustine fut envoyée chez les religieuses qu'une dame pieuse venait d'établir à Lestrem : elle ne tarda pas à s'y faire remarquer et à devenir *recordeuse*, c'est-à-dire à être chargée d'apprendre le catéchisme aux enfants les plus jeunes ou les plus ignorants.

Sa première communion augmenta encore les saintes dispositions qu'elle montrait pour la piété et la vertu. Agée seulement de 12 ans, elle observait, dans toute leur rigueur, les jeûnes, alors si rigoureux, qui étaient ordonnés par l'Église ; à l'heure du repas, elle se retirait dans une grange, pour prier avec sa sœur Catherine. Et le soir, après une longue et pénible journée de travail, les deux sœurs, afin de ne pas succomber au sommeil pendant leurs prières, allaient s'agenouiller sous les arbres du bois Deschilder et imploraient longtemps le Dieu qu'elles aimaient. Cette piété qui doublait le courage de la jeune Augustine, n'enlevait rien à son enjoûment. Elle aimait à courir dans les vergers avec ses frères et ses sœurs, à rire, à s'amuser avec eux; le dimanche, après l'office du soir, autour d'une table en bois blanc, d'une propreté exquise, à la lueur du *créchet* suspendu à la crémaillère enfumée, sous les yeux de la mère de famille, les dix enfants jouaient joyeusement aux cartes, avec des bagatelles pour enjeu. Plaisirs délicieux de l'enfance, frais souvenirs du toit natal qu'Augustine rappelait encore à sa sœur à l'âge de 89 ans ! Parfois l'on cherche bien loin le bonheur : il se trouve près du foyer paternel, dans les amusements les plus simples et les plus enfantins !

II.

Bien qu'elle aimât beaucoup ces joyeuses réunions du dimanche, Augustine, dès l'âge de 13 ans, les quittait souvent pour rechercher des plaisirs qui avaient pour elle plus de charmes et d'attraits. Non loin de la ferme, se trouvait une chaumière en ruines où habitait une famille pauvre ; les ulcères, la vermine rongeaient les petits enfants ; le dimanche, Augustine profitait de ses moments de loisir pour rendre à ces enfants les services les plus pénibles pour la nature. Des fièvres pernicieuses éclatèrent dans la campagne de Lestrem ; elle se fit la garde de tous les malades. Vers l'âge de 17 ans, elle se décida à ensevelir un mort ; mais à la vue du cadavre, au contact de ce corps froid et privé de vie, elle tressaillit ; elle se renversa sur sa sœur qui l'accompagnait, effrayée, hors d'elle-même ; et il lui fallut un effort surnaturel, il lui fallut la pensée de Dieu, pour se décider à remplir ce pieux devoir qu'elle devait remplir des milliers de fois durant sa vie. Dans la route du Ciel, souvent le premier pas seul est difficile à faire. Bientôt, Augustine entreprit un acte de charité plus pénible et plus dangereux. Une maladie contagieuse attaqua, l'un après l'autre, les membres de la famille Deschilder ; notre jeune garde-malade, avec sa sœur Catherine, passa plusieurs mois autour de leurs lits de souffrance. Elle fut atteinte à son tour ; longtemps elle flotta entre la vie et la mort ; les derniers sacrements lui furent administrés ; on désespéra de ses jours. Dieu, qui voulait lui faire gagner sa couronne par une longue vie de dévoûment, la laissa sur la terre.

III.

Tant de dévotion et de charité semblait annoncer que la jeune Réant n'était point faite pour le monde : en effet, elle ne tarda pas à déclarer à sa mère la vocation qu'elle éprouvait pour la vie religieuse. Loin d'agir comme ces parents qui ne permettent pas à leurs enfants de *choisir la meilleure part*, d'entrer dans l'asile pieux du couvent, la famille d'Augustine fit de grands sacrifices pour lui fournir la somme que nécessitait son entrée chez les Annonciades de Béthune. Augustine y était déjà reçue ; la révolution éclata : les monastères furent fermés au nom de la liberté; au nom de la liberté, les religieuses furent forcées de rentrer dans le monde qu'elles avaient fui volontairement ; elles furent exilées, incarcérées, conduites à l'échafaud. Dans la ferme retirée qu'elle habitait, la jeune Réant elle-même ne fut pas complètement à l'abri de cette persécution impolitique et injuste que quelques hommes exerçaient au nom de tous. Augustine continuait d'exercer ses humbles mais utiles fonctions de recordeuse ; comme institutrice, on voulut la forcer de prêter serment à la constitution civile du clergé. Elle refusa et ferma son école; si elle n'avait pas eu d'excellents rapports de voisinage avec les gens qui se faisaient, dans le pays, les pourvoyeurs du sanguinaire Joseph Lebon, elle eut été, comme tant d'autres, incarcérée à Béthune, et, de là, conduite à l'échafaud. Elle échappa à cette mort dont elle fut plus d'une fois menacée par les révolutionnaires. Ces menaces ne purent arrêter son zèle et son courage. Bien souvent, à la nuit tombante, elle reçut, dans une grange de la ferme de sa mère, des prêtres dévoués qui venaient y célébrer le saint sacrifice de la Messe. Que de fois ne lui arriva-t-il pas de braver les ténèbres de la nuit, la boue marécageuse des chemins, le vent et la pluie des nuits d'hiver, pour aller, dans d'autres fermes, chercher conseil et force au sacrifice de l'Agneau qui s'immole pour tous ! Elle osa même conduire dans l'enceinte de Béthune quelques jeunes enfants qu'elle avait préparés ; et, dans une chambre retirée, ils reçurent la première communion. Elle s'était montrée pieuse dans le calme de l'enfance ; au moment des passions de la jeunesse, en passant par le creuset des tribulations, elle se montrait ardente et courageuse, elle exposait sa vie pour la gloire de Dieu et le salut de son prochain.

IV.

Augustine n'espérait pas pouvoir embrasser la vie religieuse ; elle se décida à entrer dans l'état du mariage. Elle épousa Maximilien Sauvage, cultivateur honorable, qui lui apportait en dot peu d'argent, mais beaucoup de courage, beaucoup d'amour et beaucoup de vertu. Ils reprirent une petite ferme à Richebourg, village natal de Maximilien. Quand nous avons demandé ce qui faisait remarquer Mme Sauvage, dans cette nouvelle phase de sa vie, l'on nous a répondu : Fermière, elle était fermière avant tout. Et nous nous sommes représenté la *femme forte* de l'Écriture qui prend la laine en sa main, qui partage la tâche entre ceux qui la servent, et que son époux exalte et admire. Nous avons vu Mme Sauvage se levant de grand matin, allant traire ses vaches, maintenant dans la ferme une propreté exquise, sarclant les blés au printemps, glanant après la récolte ; nous l'avons vue filant au rouet pour préparer la bobine à son mari qui tissait la toile ; et nous nous sommes dit qu'elle était un exemple pour les ménagères courageuses qui ne connaissent que deux maisons, celle de Dieu et celle qu'elles habitent avec leur mari. Fermière, elle était fermière avant tout ; cette parole est un éloge bien grand pour Mme Sauvage ; mais néanmoins elle savait concilier, avec l'activité que demandait sa position, le besoin de charité qui dévorait son cœur.

V.

Le Ciel ne lui avait donné en partage que les douleurs de la mère; l'unique enfant qu'elle mit au monde mourut après avoir vécu trois jours : Dieu semblait lui marquer par là qu'elle devait se considérer comme mère des pauvres, que pour enfants elle aurait ceux qui sont orphelins dans la grande famille de l'humanité. Elle ne faillit jamais à cette sublime mission. Sa ferme, nous a-t-on dit, était le refuge des pauvres. Mme Sauvage, comme la plupart des fermières de nos charitables campagnes, recevait avec joie ceux que l'on appelle les logeurs ; les mendiants, les colporteurs, les voyageurs sans argent trouvaient un lit dans la chambre à tisser, où, au moins, du foin dans les étables. L'on y recevait tous les pauvres indistinctement; la charité de Mme Sauvage ne *faisait jamais acception des personnes*.

Un jeune homme de bonne famille, qui s'était engagé comme soldat, avait, dans une querelle, tué l'un de ses compagnons d'armes. Il se réfugia chez Mme Sauvage ; pendant deux ans il y vécut, inconnu à la justice, et il parvint à s'évader en pays étranger, décidé à réparer son crime par une vie d'honnête homme et de chrétien fidèle. Pendant l'hiver rigoureux de 1812, un pauvre mendiant de Richebourg se trouvait sans abri ; il se décide à demander l'hospitalité à la ferme Sauvage. La route était longue ; une neige épaisse couvrait les campagnes ; l'infortuné dut s'ouvrir une route à travers cette neige. Il était soutenu par l'espoir du bon accueil qui l'attendait ; il disait : Dès que j'arrive chez Sauvage, je suis sauvé. Il y arriva enfin, et fut reçu comme un enfant de la maison. Il y était depuis un an, travaillant à faire des bobines, afin de payer, par cette occupation, le logement et la nourriture qu'on lui donnait, quand, un soir, sans que rien d'extraordinaire fût arrivé, Mme Sauvage l'engage à se confesser. Il s'étonne de cette exhortation, puis finit par se décider ; un prêtre entend sa confession. Le lendemain matin, Mme Sauvage était occupée à traire les vaches, quand elle entend la voix de son mari qui l'appelle ; elle court à lui ; et celui-ci lui montre le mendiant étendu sur son lit, frappé par une mort subite. Elle remercia le Ciel de la sainte inspiration qu'il lui avait donnée, quand, sans nulle nécessité apparente, elle avait pressé le vieillard de recevoir le sacrement de réconciliation.

VI.

La ferme qu'habitait Mme Sauvage était située à une lieue de l'église ; cette sainte femme souffrait de ne pouvoir aller tous les jours puiser la force et l'amour au pied du tabernacle de Jésus ; elle décida son mari à quitter Richebourg pour aller habiter , sur la Petite-Place, à Estaires , la maison occupée aujourd'hui par la famille Fruchard. Les époux Sauvage y ouvrirent un commerce de grains et de farines. Toute la population du quartier se souvient des actes de bienfaisance qu'exerçait notre sainte héroïne. Les pauvres venaient lui acheter de la farine à crédit ; elle ne savait leur refuser leurs demandes ; et bien souvent il lui est arrivé de ne point recevoir l'argent qui lui était dû. Les marchands forains, les étrangers en passage se disaient les uns aux autres que l'on trouvait gratuitement une bonne hospitalité chez Mme Sauvage, et ils y venaient en foule. On assure que plus d'une fois ils abusèrent de cette charité jusqu'à voler de la farine à celle qui les accueillait avec tant de générosité. A cette occasion, on fit des représentations à Mme Sauvage ; on lui reprocha de favoriser, par sa bonté trop confiante , les mauvaises inclinations de ceux qu'elle recevait ; ce fut en vain ; l'on ne put la guérir de ce que le monde appelait folie , et de ce qu'elle appelait charité.

Parmi les traits qui sont cités par ses voisins; nous choisirons, pour cette notice, celui qui met le mieux en évidence le caractère

**

de celle dont nous écrivons la vie. Un jour d'hiver, un mendiant, nommé Patou, souffrant du froid et de la faim, va se jeter sur les sacs de farine qui se trouvaient dans la boutique de Mme Sauvage et déclare qu'il ne sortira plus de la maison. Irrité de cette insolence, M. Sauvage le saisit par le bras pour le jeter à la porte. Sa femme arrive : à la vue de l'action de son mari, elle s'anime d'une sainte hardièsse et elle lui dit ces paroles, que nous conservons textuellement malgré une expression vieillie qui n'est plus en usage que dans nos campagnes : « Qui de nous deux sera le plus *hard* (hardi), toi à le faire sortir, moi à le faire rester ! » Mme Sauvage l'emporta, Patou fut admis dans la maison. Quelque temps après, il tombe dans un évanouissement complet. Tous ceux qui le voient, les médecins eux-mêmes, déclarent qu'il est mort ; une croix de paille est placée vis-à-vis la maison ; Mme Sauvage seule persiste à soutenir que Patou est encore en vie, et, pendant trois jours, elle refuse de l'ensevelir. Elle avait bien jugé : Patou revient à lui, reçoit les derniers sacrements et meurt réconcilié avec Dieu, grâce à la persistance de sa charitable hôtesse. Dieu semblait bénir les mendiants et les malades que soignait Mme Sauvage ; il semblait ne pas permettre qu'ils mourussent sans les secours de l'Église. N'y a-t-il pas à croire qu'il voulait par là récompenser son zèle et sa charité?

Du reste , les bienfaits de cette sainte femme ne se bornaient pas à l'hospitalité exercée envers les étrangers et aux soins qu'elle donnait aux malades. Voyant ses affaires prospérer, elle distribuait de nombreuses aumônes ; elle faisait souvent des prêts gratuits ; lors de la construction de la chapelle des Bénédictines, elle donna 600 francs afin de soutenir ces saintes vierges qui prient pour ceux qui ne prient pas, qui se mortifient pour ceux qui ne se mortifient pas. Et malgré cela sa petite fortune s'augmentait d'année en année ; elle éprouvait la vérité de ce proverbe populaire, que sans doute elle répéta bien des fois : A qui donne par la porte , Dieu rend par la fenêtre.

VII.

En 1827 , Mme Sauvage perdit son mari , époux charitable et laborieux qui l'avait rendue heureuse et qu'elle avait rendu heureux. Elle quitta alors son commerce , et vécut pendant quelque temps seule avec une nièce, sa filleule, qui entra ensuite dans un ordre religieux. Trois ans après, celle de ses sœurs qu'elle avait toujours le plus aimée , Mme Messéan, vint habiter avec elle. Dèslors , la vie de Mme Sauvage fut entièrement consacrée à Dieu , aux pauvres et aux ma-

lades ; le jour , la nuit , à toute heure , elle
était à la disposition de quiconque l'appelait pour les services les plus répugnants ,
pour les derniers soins à donner aux mourants et aux morts ; riches et pauvres la
demandaient auprès de leurs parents malades ; et pour tous , elle se dévouait toujours
avec le même zèle , toujours pour Dieu ,
toujours gratuitement. Elle était la garde-
malade de toute la ville , et peut-être, il n'est
pas dans Estaires une seule demeure où elle
ne soit allée s'asseoir et s'agenouiller auprès
du lit d'un moribond ! peut-être , il n'est pas
une seule famille à qui elle n'ait donné des
consolations dans des jours de tristesse et de
deuil ! peut-être , il n'est pas une seule personne qui ne doive des actions de grâces à
cette sainte femme , au nom de ses parents
aujourd'hui dans la tombe ! Elle préluda par
six années de cette vie de dévoûment aux
fonctions importantes qui allaient lui être
confiées.

VIII.

Avant la révolution , Estaires possédait ,
auprès de l'église paroissiale, la maison des
Sœurs grises de saint François qui soignaient
les malades à domicile et dans leur couvent.
La Terreur avait ruiné le monastère et dis-
persé les religieuses ; la ville, pour le soin

des malades , n'avait que des gardes mercé-
naires. Quelques personnes pieuses voulu-
rent remédier à cet état de choses ; elles
donnèrent durant leur vie ou laissèrent par
leur testament des sommes assez importantes pour la fondation d'un hospice. La ville
accepta cet argent, et acheta, dans la rue du
Curé , une maison où l'on établirait un hôpital. D'autres personnes encore vivantes
contribuèrent à cette bonne œuvre. Mme Sauvage et sa sœur donnèrent deux mille francs.
Les premières ressources étaient trouvées ;
mais il fallait pour cette maison une directrice , et une directrice qui ne coûtât rien à
la ville. Qui aurait-on pu préférer à Mme Sauvage ? Où trouver plus de désintéressement,
de zèle et de charité, plus de connaissances
pratiques pour les soins à donner aux malades? L'on songea naturellement à elle. Elle
voulut bien accepter.

Il faut avoir visité l'hôpital d'Estaires ; il
faut avoir vu ses murs salpêtrés et tom-
bant en ruines , ses corridors humides et
étroits, ses places basses et froides qu'éclai-
raient à peine des croisées à demi-disjointes ;
il faut avoir frissonné au contact de l'air humide et glacial qui pénètre cette vieille et
sombre habitation. Il faut s'être représenté
ce que devait être un cabaret transformé ,
presque sans changement , en un hospice ;
ce que devait être cet hospice à peine pourvu

des quelques meubles de ferme que Mme Sauvage avait apportés , et qui n'avait guère pour ressources que les dons de la charité privée ; il faut se dire combien , dans un tel état de choses , les pauvres et les malades devaient souffrir et se plaindre, combien le cœur de celle qui les soignait devait éprouver de douleurs et d'angoisses , pour mesurer dans toute son étendue le dévoûment de Mme Sauvage. Elle pouvait jouir , chez elle , de l'existence douce et sainte des femmes pieuses , à demi-retirées du monde ; et elle se jette dans les mille détails de l'administration d'une maison qui manque des objets de première nécessité. Elle pouvait , dans une vie indépendante, jouir du fruit de son travail ; et elle se fait la servante des malades. Elle avait passé plusieurs années avec une sœur chérie ; et , brisant ces liens du cœur, pour frères, pour enfants et pour sœurs elle prend les vieillards , les pauvres et les infirmes. Elle a près de 70 ans, l'âge du repos ; et elle commence l'une de ces vies actives que personne n'oserait entreprendre à vingt ans.

IX.

Le 6 janvier 1835 , Mme Sauvage entra comme directrice à l'hôpital d'Estaires. Douze vieillards , six hommes et six femmes , y sont admis. Elle est seule pour les soigner : c'est elle qui nettoie et raccommode leurs vêtements ; c'est elle qui balaie, qui fait les lits, qui s'occupe de la cuisine et de la lessive ; elle qui soigne tous les malades et qui ensevelit les morts. Le plus souvent, elle a une domestique pour infirmière ; mais elle partage tous les travaux de cette femme ; elle ne dédaigne aucune fonction ; jamais elle ne prend un instant de repos. Qu'il était beau de voir cette sainte femme, à l'âge de 80 ans, s'occuper sans cesse des charges les plus viles et les plus rebutantes ! Qu'il était beau de la voir se nourrir du pain des vieillards de l'hospice et donner aux pauvres le pain blanc que sa sœur lui envoyait ! Qu'il était beau de la voir acheter toujours à ses frais le mets moins grossier que ses forces épuisées demandaient de temps en temps ! Cette femme, qui servait les pauvres sans gages, eût regardé comme un vol la plus légère dépense qu'elle eût faite pour elle-même avec l'argent de l'hôpital. Pendant douze ans, elle vécut de cette vie. Les pauvres de l'hôpital, dénués du nécessaire, se plaignaient d'elle et la décriaient dans la ville ; bien des personnes, qui ne connaissaient pas la pauvreté des ressources de l'hospice, faisaient d'amères critiques sur l'administration de Mme Sauvage ; elle brava toutes ces attaques et resta fidèle au poste où la charité l'avait placée. Elle continua, malgré tout cela, de

consacrer ses jours et ses nuits aux infirmes ; et non contente de ses vieillards ,
elle allait souvent soigner les malades de
la ville.

Parfois , ceux qu'elle recevait à l'hôpital
avaient mené pendant longtemps une vie
coupable devant Dieu. Mme Sauvage , pour
s'en faire aimer , les soignait avec des atten-
tions particulières ; peu à peu , elle amenait
la conversation sur l'état de leur âme ; et le
plus souvent, selon son expression, elle par-
venait à les convertir *à la douce*. Mais s'ils
résistaient, s'ils refusaient de se rapprocher
de Dieu, alors cette simple femme du village
devenait sublime : sa figure commune et
ordinaire paraissait expressive et animée ;
son œil, ordinairement calme et froid, semblait lancer des flammes ; la parole de cette
femme , qui ne savait pas même parler sa
langue avec pureté , devenait hardie et élo-
quente ; le feu qui brûlait dans son cœur se
répandait dans tout son être ; et pour le malade, Mme Sauvage, malgré ses pauvres vêtements usés , devait paraître transformée en
ange de lumière , quand elle faisait retentir
les mots terribles d'enfer et d'éternité ; et
toujours elle obtint la conversion de ses malades , même celle des pécheurs les plus
endurcis. Nous pouvons citer un pauvre
connu sous le nom de Bourguignon. Tous
les habitants d'Estaires se rappellent sa con-

version. Que de fois n'avons-nous pas vu
cet homme, adonné auparavant à tant de
défauts, prier dans l'église avec une ferveur
édifiante, et marcher dans les rues le chape-
let à la main! Gloire donc à la religion qui
donne à une femme de 80 ans une force et
une activité inouïes; qui donne à une fermière simple et ignorante le langage le plus
sublime, l'éloquence la plus entraînante!

X.

Cependant le nombre des malades augmentait; il était impossible à une femme
octogénaire de soigner, seule avec quelques
servantes, un nombre considérable de vieillards et de malades. Il fallait pour tous les
besoins de la maison, il fallait pour les orphelins et les jeunes enfants dont personne
ne s'occupait, des soins que Mᵐᵉ Sauvage ne pouvait donner, des soins qui demandaient des dames plus nombreuses et
mieux formées, des soins qui demandaient
ces religieuses, la Providence du pauvre
dans le monde entier, qui demandaient les
Filles de saint Vincent de Paul.

Une pieuse amie, sur son lit de mort,
avait dit à Mᵐᵉ Sauvage : « Restez au milieu de vos pauvres ; c'est là que vous gagnerez votre couronne céleste. » Et Mᵐᵉ
Sauvage s'était faite à cette idée qu'elle

mourrait au milieu de ces chers malades
dont elle partageait depuis douze à treize
ans la vie et les privations. Aussi, il fut bien
triste, bien amer pour elle, le moment où
elle se décida à quitter l'hospice dont elle
avait fait sa maison. Longtemps, elle hésita
avant de prendre cette détermination qui lui
brisait le cœur ; des motifs de foi l'y déci-
dèrent enfin. Elle se retira. Mais ce jour
resta dans sa vie comme un jour de douleur
et de deuil ; et, en visitant, quelques jours
après la mort de cette sainte femme, la maison où elle avait habité, nous avons lu ces
mots, tracés à la craie, sur une porte voi-
sine de la chambre qu'elle occupait : Je suis
sortie de l'hôpital le 28 août 1848. Semblable
à une mère de famille qui place auprès de sa
couche l'image des enfants chéris que la
mort lui a enlevés, mais qu'elle ne veut pas
oublier, Mme Sauvage voulait sans cesse
rappeler à son souvenir la date du jour où
elle avait perdu ses enfants, ses malades
qu'elle ne pouvait, qu'elle ne voulait pas
oublier.

XI.

Dans la rue du Curé, à Estaires, se trouve
une petite maison, étroite et sombre, dont
les murs délavés par la pluie et les vitres
brisées rattachées avec du papier, annon-

cent pauvreté et même misère. C'est là que Mme Sauvage se retira avec sa sœur Catherine qu'elle avait quittée depuis 12 à 13 ans. Les premiers jours qu'elle y passa lui parurent bien longs et bien vides. Que de fois elle regretta de n'être plus en proie à mille fatigues, à mille soucis, à mille reproches! Autant d'autres aspirent après le repos, autant elle avait soif du travail et de la fatigue! Mais le temps ne tarda pas à venir où malheureusement elle n'eut plus à se plaindre de manquer d'occupations. Le choléra gagnait de ville en ville; il éclata dans Estaires; il frappa quelques-uns de ces coups subits et terribles que tous, même les plus intrépides, entendent avec effroi; quelques-uns de ces coups dont le rétentissement pour plus d'un cœur n'a pu être étouffé par un laps de six à sept années. Dieu semblait avoir rendu Mme Sauvage à la liberté pour qu'elle pût soigner, d'une manière particulière, les malades de la ville. Pendant les quelques mois que dura l'épidémie, elle était presque toujours absente de sa demeure; chez les riches, chez les pauvres, dans la ville, à la campagne, de tous les côtés elle était demandée. Elle prenait ses repas; on l'appelait: elle partait à l'instant; on l'appelait la nuit, elle était prête encore. Et toujours et partout, pendant des mois, elle se montra zélée, active, oublieuse de sa conservation. Aussi, plusieurs person-

nes de la ville parlèrent de la proposer pour
le prix Montyon. A cette idée, la sainte
femme sourit ; elle leva les épaules et dit en
montrant le ciel : « Ma récompense est là-
haut ! » Sainte femme, aussi humble que
courageuse, tu méritais cette distinction ;
tous les habitants d'Estaires eussent applaudi
si la France t'avait décerné cette récompense;
tous te l'accordaient dans leur cœur. Tu la
dédaignas ; mais comme tu le disais, ta récompense étant là-haut, Dieu, sans nul
doute, Dieu ne t'a pas oubliée ; et il t'a
donné dans le ciel une distinction bien plus
éclatante que celle que les hommes auraient
pu te décerner.

XII.

Après ces heures de travail et de mouvement, Mme Sauvage, par six années de calme
et de vie intérieure, sembla se préparer à la
mort et à l'éternité. Elle fut le modèle des
vieillards, de ceux qui voient de longs espa-
ces entre eux et leur berceau, et quelques pas
à peine entre eux et leur tombe. Tous les
jous, hiver comme été, elle se levait entre
cinq heures et cinq heures et demie du matin; après avoir commencé la journée en
faisant chez elle le Chemin de la Croix, elle
se rendait à l'église où elle entendait toutes
les messes qui se célébraient. Rentrée dans

sa demeure, elle travaillait à l'aiguille, au tricot, ou encore à des vêtements qu'elle confectionnait pour les pauvres; de temps à autre elle ouvrait la *Vie des Saints*, son *Manuel de dévotion au sacré cœur de Jésus*, ou d'autres livres de prières, afin de vivre sur la terre avec le Dieu qui devait bientôt l'appeler dans le ciel. Après avoir fait, à midi, un repas plus frugal que celui de la plupart des pauvres, elle reprenait les mêmes occupations et les mêmes prières que le matin, jusque vers le soir, moment où elle se rendait à l'église pour achever la journée dans la prière et le recueillement. Toutes les confréries pieuses avaient en elle l'un de leurs membres les plus fidèles; tous les jours, elle remplissait un grand nombre de pratiques de dévotion. Chaque vendredi, entre onze heures et minuit, en communion avec quelques personnes pieuses, elle faisait l'heure sainte, c'est-à-dire la méditation sur l'agonie de Notre-Seigneur. Et l'année même de sa mort, elle passa, à l'église, la nuit du Vendredi-Saint, édifiant, par la vivacité de sa foi, par la beauté des prières qu'elle récitait, les fidèles qui veillaient près du sépulcre de Jésus.

Du reste, ses journées et ses nuits n'étaient pas aussi tranquilles que pourraient le faire croire les quelques lignes qui précèdent. Tantôt c'était une personne, gênée dans ses

***

affaires, qui venait demander 50 francs, 100 francs et plus, sommes que Mme Sauvage prêtait gratuitement et qui parfois ne lui étaient pas remboursées. Tantôt c'était un pauvre, une mère de famille qui venaient demander du pain, de l'argent, du charbon, des vêtements, des chaussures; parfois, ils recevaient une leçon sérieuse sur leurs défauts; mais jamais ils ne sortaient les mains vides. A l'époque de la première communion, les deux sœurs distribuaient 100 fr. de chemises et de vêtements aux enfants pauvres d'Estaires, et à peu près autant aux enfants pauvres de Lestrem. Les bonnes œuvres à faire ne manquaient jamais. Nous n'avions pas besoin, disait sa sœur, d'aller trouver les pauvres chez eux; nous avions assez de pratiques chez nous. Admirable parole, qui montre que dans cette pauvre maison l'on accueillait l'indigent comme un marchand reçoit sa clientèle !

XIII.

En réunissant leurs revenus, les deux sœurs pouvaient vivre dans une aisance bien plus que suffisante ; elles se privaient même du nécessaire pour soulager les pauvres que Mme Sauvage connaissait mieux que toute autre personne. Parfois elles achetaient des étoffes neuves ; mais au lieu de s'en servir pour elles-mêmes, elles rapiéçaient leurs robes dont, disaient-elles, les pauvres n'auraient pas voulu ; et elles distribuaient les habits neufs aux indigents les plus nécessiteux. Avant l'hiver, elles faisaient leur provision de charbon ; mais pour épargner ce charbon, elles mangeaient presque toujours froid et se contentaient de petites *chaufferettes* qu'elles plaçaient sous leurs pieds. Quant au charbon, il était distribué aux malheureux pendant les froids les plus intenses. Oh ! quand dans les longues journées d'hiver, les deux sœurs grelottaient de froid, dans leur maison humide, près de leur foyer sans chaleur, du moins leur cœur devait battre de joie, en se disant que bien des larmes étaient séchées avec ce charbon qu'elles se refusaient ; en se disant que, grâce à cette privation, bien des familles pauvres se réjouissaient autour d'un bon feu, et que bien des bouches bénissaient le nom du Seigneur, au lieu de le maudire et de le blasphémer.

Les malades n'étaient pas négligés : malgré sa vieillesse, Mme Sauvage leur rendait les soins les plus difficiles et les plus rebutants ; à 89 ans, quelques jours avant sa mort, elle alla encore, loin de chez elle, à la campagne, soigner un pauvre qui l'avait demandée. C'était aussi elle que l'on appelait de préférence pour ensevelir les morts et prier près de leur cadavre ; depuis quarante

ans, elle accomplissait dans Estaires ce triste
et pénible devoir. Trop souvent ceux que
nous avons chéris pendant leur vie, nous les
oublions après leur mort ; Mme Sauvage se
les rappelait pour ceux qui ne s'en souvien-
nent plus. Deux fois par an, elle quêtait dans
toute la paroisse, afin de faire célébrer des
saluts pour les trépassés. Chaque jour , elle
récitait, pour eux, des prières et plusieurs
chapelets. Jamais elle ne manquait d'assister
aux enterrements ; elle suivait le cercueil
jusqu'au cimetière, et pendant la funèbre
cérémonie, elle se tenait, derrière les assis-
tants , recueillie, en prière, cachée sous la
pelisse noire qui l'enveloppait, semblable
à l'ange de la mort qui serait venu , calme
et triste, prier pour ceux qut attendaient en
ce lieu le réveil de l'éternité. Dévotion attendrissante, sainte habitude de prier pour les
morts, qui montre dans Mme Sauvage un
cœur sensible, un cœur qui, n'ayant pas assez de pleurer et de soulager les misères
des vivants, voulait encore pleurer et soulager ceux qui n'habitent plus sur la terre ,
ceux qui souffrent dans les abîmes du pur-
gatoire. Puisse son exemple nous attendrir ;
puisse-t-il surtout être imité. Puissent quelques âmes pieuses se charger , comme celle
dont nous écrivons la vie, des derniers soins
à donner à ceux qui ne sont plus ; puissions-
nous surtout prier pour ceux qui ont quitté

la terre, pour ceux qui, peut-être, n'ont besoin que de quelques indulgences, afin de sortir du lieu de tourments, où ils sont enfermés loin de Dieu !

XIV.

Mme Sauvage n'avait jamais oublié la parole de sa pieuse amie : Restez au milieu de vos pauvres ; c'est là que vous gagnerez votre couronne céleste. Dans l'intérêt de ses malades, elle n'avait pas continué à vivre dans l'hôpital ; elle voulait du moins y mourir. Son portrait y avait été placé par l'administration ; c'était pour l'ancienne directrice de la maison une consolation de se savoir en image au milieu de ceux qu'elle aimait plus qu'elle-même ; ce n'était pas assez. Elle déclara à sa sœur qu'elle voulait se retirer à l'hôpital, qu'elle voulait mourir comme une femme pauvre, qu'elle voulait achever sa vie dans ces salles où elle avait goûté tant de bonheur dans des fonctions si pénibles. Nous l'avons entendue nous-même, il y a quelques jours, exprimer ce saint désir ; nous l'avons vue pleurer à la pensée de se retrouver, comme pauvre et malade, au milieu des pauvres et des malades. Depuis 20 ans l'hôpital était la maison de son cœur; elle voulait y mourir. Elle avait obtenu la permission de s'y rendre ; des voix amies, les larmes de sa sœur la retinrent pour quelque temps, et la mort l'empêcha d'accomplir ce pieux projet.

XV.

Le dimanche 23 septembre 1855, vers cinq heures et demie du matin, Mme Messéan s'étonne de ne pas entendre le bruit accoutumé que sa sœur faisait en s'habillant, de ne point la voir sortir de sa chambre. Elle frappe : point de réponse. Elle ouvre, elle demande à Mme Sauvage : Êtes-vous malade? — Point de réponse. Des voisins sont appelés ; un prêtre arrive : Mme Sauvage recouvre la parole. Les derniers sacrements lui sont administrés, et quand le prêtre prononce sur elle les paroles de l'absolution, elle dit d'une voix faible, mais encore énergique : Que le bon Dieu ratifie ce pardon dans le ciel ! Pendant les quatre jours qui suivent, elle est étendue sur sa couche, en proie à une fièvre violente ; elle souffre, mais elle ne se plaint pas ; la douleur ne peut lui arracher aucune parole de découragement. Cette sainte femme, sur son lit de mort, semble être dans son état naturel ; elle avait fait l'apprentissage de la mort près d'un si grand nombre de personnes. Sur sa couche, se trouvaient la croix, une image de Notre-Dame-Auxiliatrice et celle de saint Joseph, patron de la bonne mort, objets de piété sur lesquels elle avait presque toujours les yeux ; parfois elle essayait de soulever sa paupière chargée de fièvre sur deux petits cadres représentant les sacrés cœurs de Jésus et de Marie, qui étaient appendus au-dessus de sa couche Rien ne pouvait la distraire des saintes pensées qui l'occupaient. Quand on lui parlait des choses de la terre, elle se taisait ; si on lui parlait des choses du ciel, elle répondait par un mot, ou bien encore par un serrement de main, un mouvement de la paupière, un regard, dernier langage des mourants. Elle essaya plusieurs fois avec sa main languissante de faire le signe de la croix, quand l'on jetait de l'eau bénite sur sa couche. Le jeudi, elle put prononcer quelques mots ; elle appela sa sœur et elle lui parla, non pas de ses biens, non pas de ses souffrances, non pas même de son affection ; elle lui parla de ceux à qui elle avait consacré sa vie, elle lui demanda comment se trouvaient ses malades. Sollicitude admirable et attendrissante! Elle avait commencé sa vie par soigner les malades ; c'est encore des malades qu'elle s'occupe sur son lit de mort. Après cet effort suprême, elle retomba dans sa faiblesse. Vers le soir, une pieuse amie lui ayant dit : *Jésus, Marie, Joseph,* la malade continua de sa voix mourante : *Je vous donne mon cœur, mon âme et ma vie.* Ce furent ses dernières paroles. Elle devint de plus en plus languissante, et le vendredi ; vers douze heures du matin, faible , mais conservant connaissance, elle s'endormit doucement sur la terre, sans doute pour se réveiller au ciel, dans le sein du Dieu qu'elle avait tant aimé.

XVI.

Mme Sauvage est morte ; mais sa voix nous parle encore. Elle nous parle par la bouche de tous les habitants de la ville qui disent : C'est une sainte ! par la bouche de tous les pauvres qui disent : Quel malheur pour nous ! Sa voix nous parle par les saints exemples qu'elle nous a donnés. Du fond de la tombe , cette voix s'élève triste et douce ; elle supplie encore pour les pauvres en nous disant : Donnez ; elle supplie encore pour les malades en nous disant : Soulagez ; elle supplie encore pour les morts en nous disant : Priez. Écoutons cette voix qui a consolé nos parents , qui a adouci les derniers moments de ceux que nous aimions , qui a tant prié pour ceux de nos compatriotes qui sont couchés dans la tombe. Vous qui avez beaucoup, au moins donnez peu ; vous qui avez peu , au moins donnez quelque chose.

Et maintenant , en écrivant les dernières lignes de cette humble notice , nous sera-t-il permis d'émettre un vœu ? L'on dresse des monuments aux héros , aux bienfaiteurs de l'humanité : Mme Augustine Sauvage ne mérite-t-elle pas une pierre , un monument funéraire qui perpétue pour les générations futures et le souvenir de ses vertus, et la reconnaissance de la ville d'Estaires ? Nous espérons que notre appel trouvera un écho dans tous les cœurs. S'il n'en était pas ainsi, si notre vœu n'était pas réalisé, au moins puissions-nous , par cette simple et trop courte notice , n'être pas inutile à la gloire méritée de Mme Sauvage , et contribuer à faire imiter , par quelques personnes , sa charité, son désintéressement et ses vertus !

Adam , imp. à Douai.

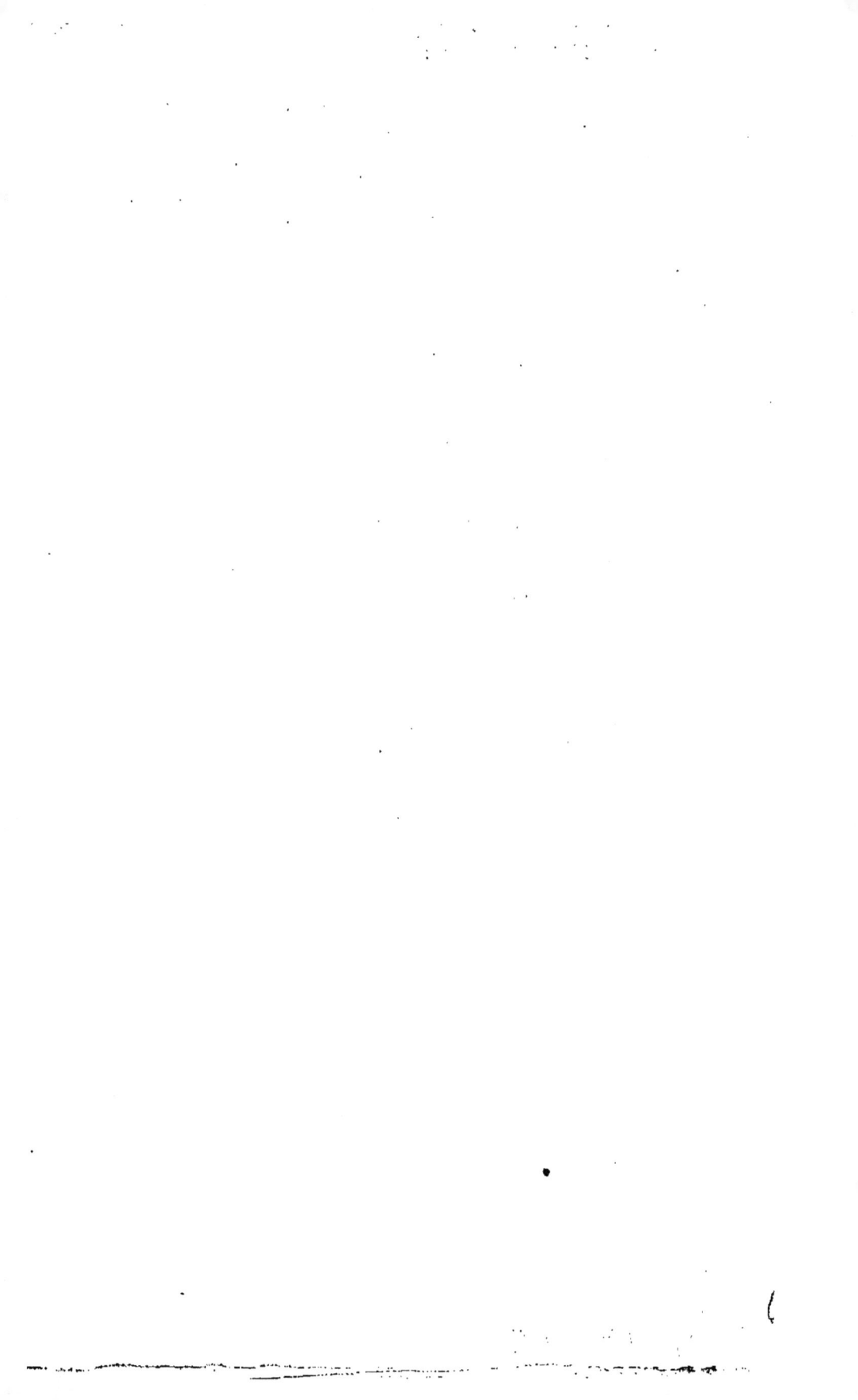

www.ingramcontent.com/pod-product-compliance
Lightning Source LLC
Chambersburg PA
CBHW070744210326
41520CB00016B/4568